Blaues A
und grünes Z

Irmentraud Kiefer

Blaues A
und grünes Z

Gedichte

Kiefer, Irmentraud:
Blaues A und grünes Z: Gedichte
Pforzheim 2000
ISBN 3-8311-0637-1

Umschlaggestaltung, Typografie und Satz:
Britta Kienzler
Zeichnungen: Sigrid Golderer
Autorinnenfoto: Gundi Lehr
Herstellung: Libri Books on Demand
Printed in Germany
ISBN 3-8311-0637-1

Danksagung

Ich danke Britta Kienzler für die Typografie
und die Umschlaggestaltung.
Ich danke Sigrid Golderer für die Zeichnungen,
mit denen sie diesen Gedichtband bereichert hat,
sowie Gundi Lehr für das Foto.

Irmentraud Kiefer

Herzspur

Schmetterlinge goldbestäubt DuIch im Gaukeltanz,
Nektar so leicht
und süß, Zauberkussverwandlung, Du mein leibeigen.
Vielliebchen säumt die steinerne Spur, wo zwischen
dem Pflaster
der grüne Wunderfitz durchstößt, Kissen bildet.
Unser Heute, nicht Gestern. Noch nicht – Sag nicht das
Wort.
Gibmirmalbitt neinaber holsdir doch selber fangmich-
hierjetzt.
Und heute vergeht nicht.
Brannten DuIch uns ein Mal in die Haut, malte das
täglich in anderen Farben,
knospte allerorten. Und blasste dahin.
Aber noch Deinmein Duft wie ewige Spur und die
Turmuhr schlägt
keinmal. Und dreimal und fünfmal. Und hören wir's
nicht.
Ob wir woll'n oder nicht.
Von dir herüber zu mir blüht Vielliebchen
am Bahnsteig beim Schattengehen.
Pflückst du es mir aus deinem Augenblau und so
leg ich's ans Herz das Vielliebchen mir.
Und trag's lange unter meinem Kleid.
Welkt, abgestreift mit dem Kleidstoff auf dem Parkett.
Nur Schmetterlinge noch finden
diesen verschwundenen Duft.
Jedoch langnach im Stadtgewühl, flüchtig.

So schwer, so schön,
so leicht

Wir

Zwischen zwei Welten
Kreischenden Rädern
Wir
Zaunkönige des Glücks

Geliebter
Du meine Mutter
Heimgekehrt bin ich
in deinen Schoß

Im rinnenden Sand
Dem unermüdlichen Gleiten
Der fixierte Moment
Unserer Zeit

Verliebt

Himbeerlieder
hängst du in die Sträucher
wickelst helles Haar um Fliederbäume
streifst vanilleduftend meine Haut.
Wasserlichter lässt du tanzen
über Kieselsteine
machst dich erdenwirklich
mir vertraut.

Geglitzer von Tau
im Sommermoos
und nah dem murmelnden Quell
und du, so nah!

Den Ruf des Feuervogels
entfachten wir zur Mittagsstunde,
als atemstill die Luft verhielt
zwischen den Zeiten
unter flüchtigem Flügelschatten.

Hing, als wir gegangen waren,
lange noch der Hauch des Engels
flüsternd im Gezweig.
Dort
grünt die Tamariske.

Herbsttage

Es standen Dahlien dort,
noch nicht die Astern.
Der Bauerngarten blühte bunt.
Im Weiher schwammen Wasserlilien,
Lichtdiamanten gleisten in den Weiden
dein kupferfarbnes Haar so nah.
Wir hingen unsere Blicke an die Wolken,
und mit dem Blätterregen ließen wir uns treiben.
Die Venus stand im Fensterbogen.
Wir mussten gehen.
Der Winter wird uns nicht beisammen sehen.

Violettblättrig dein Kuss,
um uns her Geräusch und Lärm.
Mein Herz,
es eilt, eilt weit
dir nach vergeblich
auf dem Schienenstrang.
Du tauchst in Silbermünzen
ihr Klirren narrt mein Ohr.

Grabentief
weit von Friedensländern,
panzerkalt gesondert
von den goldnen Feuern,
eist mir ein das Haar;
starr gefroren
taugt es nicht mehr,
dich zu wärmen;
rinnen weinend
an den Leibern Eisesfäden.
Harsche graue Kälte glast
über deine über meine
Erdenhaut.
Gift lauert tief
in Wasserwurzeln.

Heimsuchung

Du, mir wie Heimat,
weich und süß,
dich wiegt und biegt das Weh.
Ich, deine Schwänin, singe.
In deiner Augen dunklem Quell
entsinkt mein aufgeglänztes Lachen
in Abschied.

Im Jenseitsgarten

Einsam bist du, Gefährtin,
bin ich
in dem umhegten Garten
zwischen den Blumen, den Marmorsteinen.
Glitt dort ein Schatten hin,
ein Sternenlied?
Mein Seufzen rinnt durchs Stundenglas.
Unvernommen.

Geflohen
ohne Gepäck.
Einst komm' ich zurück
und bin es nicht mehr,
und ihr seid es nicht mehr.

Gestern

Mir ist, als hänge
dein Lachen
über diesen Bergen

Alles tat ich
damals,
um dieses perlende Lachen zu hören

Und doch –
am Ende
nur deine Tränen.

Vielmal wurden die Felder grün
und trugen unsrer Lüge Balsam.
Die Hoffnung hieß
Ichkommebald.
Vielmal wurden die Felder weiß
und trugen Wahrheit.
Wir stürzten sternenweit,
wo wir uns in Lichtjahren suchen.

Ich wusste nicht,
dass du die Liebe bist,
Du die Liebe bist.

Ich wusste nicht,
dass so anders sie ist;
so schwer, so schön,
so leicht.

Als das Glück bei mir war,
erkannte ich es nicht.
Erst als es gehen wollte,
habe ich begriffen.

Begegnung

Die Autos stehen an der Ampel
wie Pferde vor dem Start.
Gleich beginnt das Rennen.
Dort drüben ein Du,
in blauem Hemd
und Bücher unterm Arm.

Die Flut der Wagen,
das Rot der Ampel
sind zwischen uns.
Jetzt Grün:

Nun kommen wir einander näher –
und du bist schon vorüber
ein Duft am Weg
bleibt länger als dein Schritt.

Ich neben ihm
an seiner Hand
durch die fremde Stadt.
Er studiert Stadtplan
und weiß, wo's lang geht.

Du bist zugespiegelt und
ich
seh' nur mich.
Komm doch hervor,
verbirg dich nicht.

Der Weg ist nichts
das Ziel ist alles.
Er wollte nicht darüber reden.
Er wollte zum Ziel kommen.
Ein einsamer Sieger.

Steigerung

Ich liebe,
Du liebst,
Wir lieben.
Hüo, wir haben
das Joch geschirrt!

Deine

In Fleisch und Blut
trage ich deine Welt.
Ich entferne die Kugel
aus dem Leib des Hasen
und brat ihn dir, Jäger;
denn ich bin deine Frau,
den andern Namen hab ich vergessen.
Verloren habe ich mich.

Was dann, wenn du mich verlässt?
Als ich das dachte,
hattest du es schon getan.

Jetzt hab ich dich schon fast
vergessen.
Nur manchmal,
wenn ein Fetzchen Musik
mir am Ohr vorüberweht.
Oh diese Musik überall.

Zwei Kontinenten
gleichen wir,
auseinanderdriftend.
Der Zwischenraum
wird immer größer
zwischen uns.
Bald
werden wir nicht mehr
voneinander wissen.
Die Ränder
abgeschliffen von der Zeit.

Trotzgesang

Deine Macht
ein mondscheinheller Leib,
und dass du neu bist.

Und meine Ohnmacht,
dass ich ihm lange schon
und viel zu sicher bin.

Die blauen Strahlen,
Streifen auf den Brüsten
mir. Dir eine Rosenknospe.

Das Kind, meins und seines
bindet nicht mehr
und nicht gemeinsames Tagwerk.

Aber fußt eine Wurzel
am Grund und verwachsen
mit ihm. Deine Ohnmacht.

Sein bist du in Eros
ich löse den Anker.
Er lässt eine Spur zurück.

Mein bin ich, verlassen und frei.
Auf meinem Eiland
pflanz ich – Männert

Ein neuer Tag
ist mir geschenkt
und neue Tapferkeit.
Die Tage, die ich lebe,
sind Tage ohne dich.

„Du bist allein,
ich bin allein;
sollen wir uns nicht zusammentun?"
hast du gemeint.
Wenn das so einfach wäre,
wäre das Leben womöglich leichter.

Du bist allein,
ich bin allein.
Zusammensein ist schöner.
So einfach ist das.
Manchmal.

Ich steig in den Zug nach Pfauenblaugrüngold.
„Eine schöne Stadt", würdest du sagen.
Doch wie entleert sind
die schönsten Orte der Welt,
wenn die Liebe sie nicht bewohnt.

Ich trag dich im Herzen mit
nach Pfauenblaugrüngold;
doch was hilft's ohne
Haut und Haar von dir.
Und die Zeit eilt dahin,
hat unsere Stunden im Gepäck.

Dort, wo das Sonnenbraun verblasst,
wächst neue Haut am Körper.
Haut, die deine Hand nicht kennt.
Entfernung wächst in unseren Abschied,
und dennoch bist du mir wie magisch nah.

Wie viele Monde sind vergangen nun?
Ich hab sie nicht gezählt.
Und eines Tages löste ich das Band,
das uns umschlossen hielt,
behutsam.

Ich setzte leise Schritt vor Schritt
und sah nicht hinter mich.
Doch heute Nacht
hab ich von dir geträumt.

Windstille

Sie schmilzt allmählich,
die Glut jener Nächte.
Gewohnheiten kehren zurück;
die alten Freunde
nehmen wieder ihre Plätze ein.
Windstille –
ich bin zu Hause.

Als die Dunkelheit uns aufnahm
unverhofft
als die Dunkelheit uns schirmte
wie ein Zelt
und wir uns berührten,
verstohlen, und so als sei es Zufall
und schwiegen.
Ach dieses Schweigen
und dieser eine Schritt,
den wir nie wagen
von dir zu mir
von mir zu dir.

Unser Lied –
wie die Seerose sich öffnet
im Teich,
wenn der Morgenwind
die Wellen kräuselt.

Wie die Seerose sich öffnet
im Teich –
so berührten sich
unsere Lippen.

Winter mit Laura

Weiß das Blitzen der Kristalle
unser Lachen rauchumhüllt
unsere Stunden alle
alle sind erfüllt.

Als der Mond
durch die Bäume sprang

Impressionen

In Teiches Ruh und Gleisen
der vogelfreien Rosen Spiegelbild.
Eintauchen ist
wie Rückkehr
in des Jungseins Kühle.
Am Grund,
wo Nymphengräser strömen,
ein Klingen.
Lichtschnur
Honigtropfen gleich.
Und Quellenrinnsal
im bestickten Wiesenteppich.
Barfuß kommen zu dir.

Heut in der Frühe
flog ich durch die
Wipfel der Bäume
in der Allee
dir entgegen.
Es regnete Apfelblüten.

Sommerfrucht

Ich ahne noch den Zauber aus fernem Frühlingsland,
aus dem du wurdest inmitten deiner Blüte.
Nun ruhst du, purpurrote, reife Frucht
in einer Schale aus Kristall,
benetzt von einem Vorhang aus Wassertropfen.
Und wo dein Rot zur Mitte strebt
und Kerne, Perlen gleich, sich sammeln,
verströmte einst die Blüte ihren Duft.
Aus ihrem Herzen wurdest du
im Rhythmus von Werden und Vergehen.

Wasser
sickernd, raunend, rauschend,
strömst und fließest abwärts du.

Knirschend unter meinen Füßen
spricht zu mir die alte Erde:

„Aufwärts, und erklimm den Berg."

Vom Himmel kommst du,
netzest und beschenkst die Dunkle.

Quillst herauf aus ihren Gründen.
Murmelst mir vom Paradies.

Hineingelegt in diese grüne Hülle,
in Harzgeruch,
in Tannenrauch,
in Beerenduft,
geborgen und gefangen.

Ein Pfad im Dämmerdunkel,
ein rotbraun steinbestäubt
und nadelgrün bestreuter Kompass
polstert meinen Tritt,
dämpft meine Lust auf weite Welt,
führt unvermittelt hin

zu braunen Moorseeaugen.
Hoch darüber
und weit fort
ein heller Himmel
und Wolkenbilder
stetig wechselnd.

Rinnsale, klarsichtig,
schaumgekrönt von Fall zu Fall,
gleitend über glatten Kiesel,
breiter und breiter werdend,
ihr Bachbett gischtig überspringend,
fließend zum Meer hin.

Ein Sommer

Von dieser Scheibe blendend weiß
stößt er sich flirrend ab.
Sein Sonnenlicht bleibt lange,
färbt grün, färbt rot, lässt blau
das All sich weiten.

Auf Schwalbenflügeln und nicht gehalten,
so stürzen, stürzen wir
vom langgezogenen Vogelruf
ins Heimatlose.

Versengt, die Farben ausgebleicht,
die Lippen trocken. Die Rosen, Rosenduft.
Vorbei, ach. Schon der Blick nach Norden.
Die Scheibe mild. Ganz still.

Durch gelbsandiges Erdreich
gleitet der Weg zum Haus der Fremde.
Durch Ozeane aus Weizenhalmen
gleitet der Weg zum Haus der Nähe.
Durch weiße Kamille und roten Mohn
gleitet der Weg zum Haus der Wärme.

Dies Haus der Stimmen, der Töne, Geräusche,
dies Haus Musik, Geruch und Duft,
umsäumt von Bäumen, breitkronig fest.
Wind in den Bäumen, Vogellaut.
Gedämpfter Hufschlag der Pferde.

Wolke aus gelbem Sand,
dunkle Wolke der wilden Gänse.
Erfrorene Rosen am Hag.

Zu einem Haus
glitt der Weg einst.

Jahr und Tag

Als der Mond durch die Bäume sprang
und du ihm folgtest
von Baum zu Baum
die Straße hinunter,
der Himmel eine blaue Bahn war
und du nicht zähltest:
wieviele Bäume, Nächte, Monde?
Und die Tage –
wieviele waren rubinrot?

Schöne Lilie

Amaryllis,
schneeweiß und purpurüberhaucht,
Verzauberin,
du ruhst auf starkem Schaft.

In deinem Welken
Bella Donna noch,
doch schon gelöst,
Verwandlung bist du

und immer neue Form,
verschwebend, tanzend in ein andres Licht
und dort Gestalt geworden.
Und frei.

Einst war ein Singen

Windpapier
blasse Chiffre Schrift.
Stille.

Einst war ein Singen
und Kraft und Widerstand,
und Sturm und Tanz.

Verloren.
Ein Schnee darüber.
Die Dinge ruh'n.

Winterzeit ist;
nicht die Zeit des Blühens.
Trug der Strauch denn jemals Rot?
Doch, er trug's, und einmal,
einmal wird es wieder Sommer sein.
Dann wird er euch, die Ihr vorüberkommt,
winken, rosenfarben!

Spätes Alter

Am Abend kam sie leis daher,
trug sieben Schleier von erahnter Farbe.
Ein Hauch, Bewegung hob die Ränder auf
– und glitt vorüber,
tönte nur die Luft.

SCHNEE
ein Lichtflimmern vor dem Fenster
zwischen den Ästen der Bäume
sie einfärbend
WEISS

Winter

Die Erde trägt ein Tuch aus Schnee.
Die Wälder stehen dunkel
über der Stadt.
Sehr blass sind die Zeichen am Himmel.
Silbrig tanzt im Fluss
die Mittagsstunde.

Meditation

Ich war Vogel, Baum und Meer –
wo nur komm ich her,
und wo geh ich hin?
Wo liegt der Sinn?

Sterngesicht

Als die Zeit dahin war,
starb ein Stern
über meinem Zuhause.
Und viele sagten:
„Ein neuer Stern
wird strahlen, dort."
Das sagten viele,
als ich ging.

Sogar der Taxifahrer, der mich
zum Flugplatz brachte, meinte:
„Es wird ein neuer Anfang."

Viel später, da –
in der Menge schwamm ein Gesicht,
zu mir hin lachte es.
Es lachte, das Gesicht.
Wo hatte ich es schon einmal gesehen
in dieser undurchschauten Stadt?
Zum ersten Mal:
Ein Nicht-mehr-allzu-fremd.

Von A bis Z

Du blaues A
ziehst mich hinein
in mein Verlangen:
Wort

Und O
in deine Mitte
hüllst Du mich purpurn ein

In deiner Hoffnungsschleife,
grünes Z
lenkst Du mich fort
ins Land der Fantasie.

Schattenlicht

Über der Stadt

Der Himmel dieser Sommernächte
ist verschlossen,
die Sterne über der Stadt
verborgen hinter Dunst.
Venus allein bleibt sichtbar.
Und Mars.
Er steht ihr gegenüber.
Der Mond versteckt sich manchmal
hinter hellen Wolkenschleiern
und spielt die alten, teuren Spiele.
Die Sonne sticht.

Der dünne Teppich

Was wird bleiben, Eva?
Der Abdruck deines Fußes, Adam,
zeugend von deiner ewigen Flucht
über das Oval der Erde,
der kostbar blauen, der immernochgrünen,
wird auch er ausgelöscht?
Verschwunden sein,
wie der dünne Teppich Gras und Blume
über dem viel tieferen Braun?
Dein Feuer, Erde,
ist zwiefach.

Noch tropft Manna in die Schale,
trinken Blumen Tau aus Engelhänden,
reiht die Sonne Lichterketten in den Tag.
Doch über dem G-Klang lagert ein Kreischen,
beschwört die ungeahnte Stunde.

Stiebt in die Reinheit einer frühen Stunde
ein Schwarm, ein Meer von Kolibris –
als habe eine Göttin ihre Arme ausgebreitet.
Und doch fliegen Luftgeschöpfe
arglos, unverhofft in graue Netze
und der G-Klang aus der Zauberharfe,
noch ehe er den Tag umrundet hat, erstirbt.
Hieß denn der Mensch den Löwen
in Stücke reißen die Gazelle?
Des Rätsels dichter Schleier.
Wenn jemals ihn der Mensch zerreißen könnte.

Solange
die toten Tiere
in unseren Pfannen und Töpfen liegen,
in unseren Bäuchen begraben werden,
wird kein Frieden auf Erden sein.
Wir lecken Blut
tagtäglich.
Er aber wurde geboren
bei den Tieren in der Höhle.

Seit unser Fernsein durch die Zeituhr rinnt,
leidet die Schöpfung an dieser Tatenlosigkeit,
leiden wir selber am Verrat.
Opfernde sind wir und Opferlamm zugleich.
Jahrtausende sind Zeugen
unserer Schwäche und Ohrenflüsterei.

„No, no, they won't go!"

Wir sind die Mehrheit,
sind wir nicht stark?
Warum nur dulden wir
die Todeswaffenknechte,
den Tod mit Menschenantlitz?
Warum verraten wir
die Schmerzen der Geburt,
des Lebens Wunder und Verheißung?
Eva, dein Menschenkleid ist dünn;
dafür trägst du ein dickes Fell.

Damentee

Flüsterton
heißt das neue Make-up.
Das legt sie auf
zum Stelldichein
im Kaffeehaus am Tor.
Dort sind sie stets zu fünft,
und nach Diätgebäck und Tee spezial
zieh'n sie sich die Lippen nach
in Zartrosa.
Sie seufzen leicht,
und beichten, kummervoll,
sie hätten bedauerlicherweise
dem Verehrer, dem „Ihr kennt ihn nicht,
ich möchte keinen Namen nennen"
den Laufpass geben müssen, weil
„Ihr könnt es euch ja denken".
Sie nicken, sie dächten sich's.
Und jede weiß für sich:
Tja, die Verehrer –
wo sind sie geblieben?

Die Begleiterin

Die Gattin des bekannten Mannes,
die schöne Zier
wird mitbegrüßt,
wird mitgeehrt,
wird mitbeschenkt,
und ihre Jahre gleiten
dahin an seiner Seite.
Auf einmal ist die Bühne leer
und ohne Licht.
Als Witwe des bekannten Mannes
soll sie nun schnell sich auf die Suche machen
nach dem verdrängten eigenen Ich.
den lebend Toten verehrt man keine Blumen.

Der Opa und die Oma

Der Opa bekommt eine gute Rente,
darum ist er ein spendabler Opa.
„Man gibt ja gern, wenn man sieht,
dass die Enkel sich gut anlassen",
sagt am Stammtisch Opas Freund,
und ein anderer meint:
„Und ordentlich daher kommen."

Die Oma wischt täglich Staub und
ist stolz auf ihre Enkel.
Dass die Heike Abi mit gut gemacht hat,
und der Stefan im zweiten Lehrjahr ist,
erzählt sie allen und
kehrt das Piercing unter den Teppich.

Anna liebt den Stefan
und sein Piercing am Bauch,
und der Bauch ist noch flach,
und der Opa und die Oma wissen noch nicht,
dass die Heike ab und an 'nen Joint raucht,
und der Stefan plant,
die Lehre zu schmeißen.

Durga

'Entkommen dieser Armut, dieser Armut entkommen.'
Sein Scheckbuch, dein fliegender Teppich.
„Ruf sie Lotusblume.
So ist ihr Name."
„Wieviel bekommst du?
– Wieviel?!"
„Bedaure, mein Herr, ich kenn meinen Wert."
„Rechnen lernen sie schnell."

Rosenholzfarbene Brustwarzen.
Du lächelst süß, mit kaltem Blick.
Spreizt schmale Finger
über braune Brüste.

'Fremd ist der Westen, fremd,
und ich heiße Durga.
In diesem kühlen Klima
werd ich mich lange halten.
Bleib länger frisch als meine Schwestern dort.'

Dort
wo rasch die Sonne
aufgeht am Morgen,
du könntest sie fast berühren.

'Noch zwei Minuten'
„mach schnell, ich friere."

Goldschimmer erloschener Sterne
Warum?
Vergebliche Frage versickert
im treibenden Sand.
Brillantbestickter Himmel
fern und kalt. Niemals
kam je von dort Erbarmen.

Krieg sei eine Mutter der Schlachten,
so der Tyrann.
Und du erreichst so wenig ihn,
wie an dem Nachtpalast die Scheibe Mond
fern oben.

In ambragelben Frauenzelten,
zierfüßige Blume Morgenland,
kämpft man nicht diesen Kampf.
Dort lernt man Andres.

Jetzt führte dich
zum dunklen Spiegel der Zisterne,
darin die fernen Sterne näher steh'n,
der Schmerz.

Und da – auf einer Schale zitronengrünen Mondes
erschien dir zitternd
das Antlitz deines toten Sohnes.
Der Frieden, flüstert es,
ist hier. Komm nah zu mir, komm leis.
Niemand zur Zeit des heilgen Krieges
wird jetzt uns schon vermissen.

Ballade von den fünf Quellen

Nicht mehr pocht ihr an die Tore
einer festgefügten Stadt.
Ihr seid selber eingebunden
in die Häuser, in die Pflichten
derer, die man sesshaft nennt.

Doch wenn gelb die Büsche stehen,
weiß die kleinen Bäume lachen
und die Sonne wieder Licht streut,
dann erwacht das Zauberwort
jung und neu in euren Herzen.

„Wanderer sind wir durch die Zeiten
und ein flüchtiger Gast auf Erden."
Wie der rote Mohn so leuchtend,
und wie er so schnell verblüht.
Schwarze Sarah, Sarah, Schwester.

„Allzeit offene Himmelspforte,
Du, Maria, Stern des Meeres",
so singt ihr und so auch sie,
die dich in die Hölle hetzten,
schwarze Sarah, Sarah, Schwester.

Werden euch die Häuser schützen,
wenn der Sturm erneut beginnt?
Denn schon dunkeln an den Rändern
eurer Welt die Schatten wieder.
Hilf, Maria, Stern des Meeres.

Schwarze Sarah, Durga, Schwestern,
blüht der Mohn an den fünf Quellen
rot, so rot und so vergänglich.
Flüstert noch der Wind von euch,
dort im Lande der fünf Quellen?

Eure Feuer sind erloschen
in den Wäldern, in der Fremde.
Heimlich in den Abfallhalden
findet ihr euch noch zusammen.
Wo ist Heimat euch?

Arkadien

Die Prinzessin verschleppt
in ihr Grab.
Die Verfolger sind überall.
Die Äste für unsere Feuer,
mit Pestizid verseucht.
Der Vater trinkt Schnaps, die Tochter
hat einen Gadscho genommen
auf dem Weg in die Freiheit,
sesshaft geworden.
Der Ahn war in Arkadien Schmied,
liebte das Eisen,
liebte das Feuer, die Funken,
liebte das Pferd,
getreu, es trug ihn.
Die Ahnin
bestimmte den Gang der Sippe
nach den Sternen.
„Wir haben hier keine bleibende Statt,
sondern die künftige suchen wir."
Suchen wir
Freiheit,
wo?

Die Straße,
die endlose Straße,
ich werde sie nicht zu Ende gehen.
Ein Brot, eine Kartoffel –
Mutter, was tust du hier?
Mit diesen zieh ich gefangen.
Warum weinst du so sehr?
Dein duftendes Brot, Mutter.
Die gelben Kartoffeln,
dampfend, mit dünner Schale.
Frühlingskartoffeln.
Mit wem bist du dort?
Keine Polarität? Und Er?
Mutter, nicht weinen so sehr.
Nun geh'n meine Füße nicht mehr.
Ein Brot,
eine Kartoffel.
Die Straße, so wie ich liege
trägt sie mich.
Schwarze Stiefel. Hartkalt
ein Revolver.
Mutter, Liebste, weine doch nicht.

Schattenlicht

Wind streut auf den Ort
ihrer Gebeine
roten Felsenstaub.
Damals ein Feuerorkan,
jener Ort, über den
ihr lange schon geht,
sie nicht mehr fühlt
und nicht mehr seht.

Rosen aus Sand
in der Stunde des Silbers.
Was warf diesen Schatten?
Der Mond, nur der Mond.
Und was
sind das für Stimmen?
Der Wind, nur der Wind.

Bald kommt der Tag,
löscht diese Schatten.
Sein Lärm übertönt
alles Windgeflüster.
Ihr steinernes Kleid
Zeichen aus Sand.

Greift ihn doch!
Hier läuft er noch,
dieser hat's getan.
„Ist doch jetzt ein alter Mann;
und ist das wirklich sein Gesicht?
Beweisen können wir's ihm nicht."

(Nach einem rechtskräftigen Urteil auf Freispruch
mangels Beweises an einem 77-jährigen Nazi-KZ-
Aufseher wegen Totschlags vom 10. Juni 1989)

Der Fremde

Lange schon zog es dunkel
herauf am Horizont.
Es wird ein Wetter geben,
sagten die,
die aufmerksamer als andere
den Horizont absuchen.
Der Fremde ist wieder der Fremde.

Die graue Wand
wanderte langsam
am Himmel empor.
Überzog ihn schließlich ganz.
Ein kühler Hauch,
wenn der Fremde hinzutritt.
Der Fremde ist wieder der Fremde.

Kalter Regen. Winterregen;
und dazu Blitz, Donner, Wetterleuchten.
Nachts ist der Asphalt glatt.
Flucht in die Häuser,
wo warm das Licht herscheint.
Und doch stehen stumm diese Häuser.
Und der Fremde ist wieder der Fremde.

Deine Revolution

Schwester, ich sah dich
in jenen Tagen
eine sanfte Flamme hüten
in Leipzig.
Von da an
habe ich auf dich gewartet.

Cleverness,
Raffinesse,
oh, wie gescheit!
So angepasst in der Zeit.
Weht der Wind Demophrasie -
korrekte Demophrasen.
Weht der Wind Narziss,
dann auch wieder dies.

Noch immer leben wir vom Brot der Hoffnung.
Ihr Recht geben heißt
roden das Dickicht der falsch verstandenen Macht.
Mit heißem Herzen die Erde umarmen.
Entschlossen handeln
mit dem Mut der Verzweiflung.

Bälle
aus des Mondes Licht,
der Sonne Glanz,
tauchen herauf aus vergessenen Tiefen.
Und in Utopia werden sie spielen.
Ein Paar
wird sich Erschöpfung von den Lippen streifen,
die Fenster öffnen und sich erneut
begegnen in gleicher Augenhöhe.

Inhalt

„Verwandte in diesem Haus
Israelisches Mosaik"
Erzählungen und Gedichte
von Irmentraud Kiefer

Nirgends auf der Welt leben so viele unter-
schiedliche Kulturen zusammen auf engem
Raum wie in Israel. Dazu kommen Besucher
von überall her, oft fasziniert von der Vielfalt
der Lebensäußerungen, sodass ihr kurzer
Urlaub oder die Pilgerreise einen bleibenden
Eindruck in ihrem Leben hinterlassen.
Für diese das Land nur schnuppernden Men-
schen sind Juden und Araber oft nicht zu
unterscheiden. Sie könnten Verwandte sein.
Intern hat die Gesellschaft in diesem Land
des Vorderen Orients mit enormen Proble-
men zu kämpfen. Da ist nicht nur der Kon-
flikt zwischen Juden und Palästinensern, da
sind auch allgemeine Unterschiede zwischen
jüdischen Emigranten aus aller Herren Län-
der und den im Orient verwurzelten Arabern
oder auch zwischen westlichen und orientali-
schen Juden, den Aschkenasi und Sefarden.
Dazu treffen die drei monotheistischen Reli-
gionen hier, vornehmlich in Jerusalem, auf-
einander.
Es grenzt an ein Wunder, dass sich dennoch
der Alltag in Israel selbstverständlicher ge-
staltet – vital und voller Lebensfreude sich
äußert – als es die auf Terrormeldungen zu-
sammengeschrumpften Medienberichte ver-
muten lassen. Die Geschichten und Gedichte
von Irmentraud Kiefer erzählen von diesem
Alltag in Israel.

„Verwandte in diesem Haus. Israelisches Mosaik",
Erzählungen und Gedichte,
Verlag Internationales Kulturwerk,
Hildesheim, 1999. 120 Seiten, DM 19,80 DM,
ISBN 3-910069-86-X